L'ADMINISTRATION

ET

LA PRESSE.

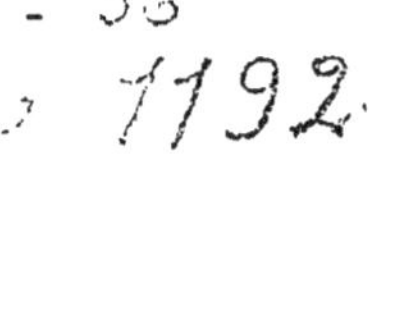

Orléans. — Imprimerie Paul MASSON, place du Martroi et
rue Sainte-Anne, n° 2.

ETUDES CONTEMPORAINES

L'ADMINISTRATION

ET

LA PRESSE

PAR

M. EDOUARD DELPRAT

Avocat à la Cour Impériale de Paris.

> Le Gouvernement ne redoute pas la discussion de ses actes. (Circulaire de M le duc de Padoue, aux préfets, 1859).
> Que vos actes soient exposés comme les miens à la discussion publique. (M. le Comte de Persigny, circulaire aux préfets, décembre 1860.)

Chez les principaux Libraires de Paris, de la France
et de l'Etranger.

1861

L'ADMINISTRATION

ET

LA PRESSE.

I.

Les circulaires se suivent et se ressemblent. Blâmée par beaucoup de ceux qui l'ont lue, mais louée par le trio fidèle du *Pays*, du *Constitutionnel* et de *la Patrie*, la circulaire du 13 mai a ému le public plus qu'elle ne l'a surpris. Un ministre se félicitait, il y a quatre mois, dans une lettre adressée à un journaliste anglais, « *d'avoir servi les intérêts de la liberté* », en expulsant l'auteur étranger d'un article publié en France. Le même ministre prohibe aujourd'hui les écrits qu'un Français peut composer à l'étranger. Cela est-il bien étonnant?

Les personnes dont le goût est difficile, trouveront peut-être que M. *de Persigny* n'a pas trèsbien choisi son moment pour servir ces précieux intérêts, à sa façon accoutumée.—Une brochure qui avait paru un jour à midi, avait été saisie le même

jour, à quatre heures, puis condamnée, puis supprimée. Vingt libellistes anonymes avaient profité de
l'occasion pour insulter et diffamer l'auteur de cette
brochure-là. De fort honnêtes gens croyaient que
la victime de ces attaques avait le droit d'y répondre, en se conformant aux lois, et que ses amis
avaient le même droit. On pensait même que les
principes de 1789 (s'il faut en croire M. *Billault,*
on ne les a jamais autant respectés qu'à présent,)
n'empêchent pas absolument de considérer la liberté de la défense, comme la plus sainte et la plus
inviolable des libertés...

Quoiqu'il en soit, opportune ou non, cette circulaire s'applique à toutes les personnes bannies
ou exilées du territoire. Il y a là de quoi faire ré-
fléchir un chacun. Nous sommes en effet dans un
temps où, comme l'a dit le même M. *Billault, l'Empereur ne laissera pas s'affaiblir les pouvoirs qu'on
lui a confiés :* autrement dit, la loi de sûreté générale, avec ses redoutables catégories, ne doit pas
cesser d'être en vigueur.

M. *de Persigny* s'est-il borné à interdire la publication des ouvrages destinés à troubler la paix
publique? On aurait pû appeler cela *la précaution
inutile;* car les lois existantes y avaient pourvu.
Mais M. le ministre entend autre chose. De quelque nature que soient les publications, sous quelque
forme qu'elles se produisent, livres, journaux, brochures, il faut que les préfets saisissent *adminis-*

trativement ; et il adviendra de la saisie ce qu'il plaira au ministre de l'intérieur, à qui seul MM. les préfets doivent en référer.

Didon, qui avait eu ses malheurs, était compatissante aux malheureux. Combien M. *de Persigny,* pour écrire de pareils ordres, a dû faire violence à ses sentiments!

N'a-t-il pas connu les souffrances de l'exil? Un personnage plus auguste de l'Etat, ne les a-t-il pas éprouvées comme lui? Et même, ce personnage, dans un discours célèbre, ne s'est-il pas souvenu noblement d'avoir été détenu en vertu d'une condamnation judiciaire, après un attentat commis contre les lois de son pays? Tous deux, cependant, ont pu chercher alors dans des travaux scientifiques ou littéraires, une distraction contre les langueurs de la captivité! Les prisonniers de *Doullens* et de *Ham,* en même temps qu'ils publiaient librement dans divers journaux les articles les plus acerbes contre le Gouvernement de Juillet, n'étaient-ils pas heureux de faire paraître de petits traités sur les matières auxquelles les disposaient leurs aptitudes spéciales : le prince *Louis-Napoléon Bonaparte,* sur la science du canon, et M. *de Persigny,* sur les Pyramides d'Egypte?

Aussi, le prince *Louis-Napoléon* s'était cru obligé d'en témoigner sa reconnaissance à M. *de Salvandy,* ministre de l'instruction publique, dans la préface de son *Manuel d'artillerie* édité en 1846, chez *Du-*

maine, à la librairie militaire de LL. AA. RR. le
duc de Nemours et le *duc d'Aumale.*

M. *de Persigny* écrivait, de son côté, dans la préface de son propre ouvrage :

« *Qu'il me soit permis surtout d'exprimer ma pro-*
« *fonde gratitude à M. Aubernon, préfet de Scine-et-Oise...*
« Je prie qu'on me pardonne ces détails personnels...
« Je devais d'autant plus exprimer ma gratitude pour les
« faveurs particulières dont j'ai été l'objet, que les sen-
« timents qui m'attachent à une illustre infortune ren-
« daient cette obligation impérieuse. »

Cela était sincère sans aucun doute. M. *de Persigny* n'a pu l'oublier. Il a fait ainsi l'expérience
que les mœurs adoucies de notre temps ne permettent plus d'abuser du *væ victis* jusqu'à étouffer
la parole du vaincu. On voudrait donc croire dans
l'avenir à la modération de l'administration : mais
qu'est-ce que des faits récents permettent de
croire à cet égard ?

La Patrie, un beau jour à propos d'un banquet
littéraire, imagine de diffamer le *duc d'Aumale.*
Sans distinction de parti, des journalistes fatigués
de la répétition de ces attaques, veulent, pièces en
main, rétablir la vérité. L'administration le leur
fait défendre. Il faut que le *duc d'Aumale* demeure
diffamé.

La publication de son discours était la meilleure
réponse à ces calomnies. M. *Masson,* ancien préfet,
a l'idée de le traduire. Arrive la circulaire du 13
mai ; M. *Wittershein,* imprimeur, refuse aussitôt

ses presses. « La circulaire du 13 mai, écrit-il, est à mes yeux la plus formelle défense d'imprimer, qui puisse être formulée : ne s'agirait-il que d'un *ca-lendrier*, dès qu'il est signé de personnes bannies ou exilées, je refuse mon concours. »

Faut-il citer d'autres exemples? — Il dépend de l'administration de permettre que l'on joue les drames de M. Hugo. Les joue-t-on? — Il dépend d'elle, d'empêcher quelques bons livres d'entrer en France, comme par exemple l'excellente histoire de la campagne de *Waterloo*, par le colonel *Charras*. Ces livres entrent-ils? — Non.

Voilà pour les exilés des précédents pleins de pro-messes! Ne devant plus revoir, comme l'a dit un grand poète, la rive douce et triste de la patrie qui les tente, qu'ils se résignent à devenir indifférents à l'opinion des hommes! Qu'ils étouffent toutes leurs affections, et oublient leur langue maternelle. Ils n'ont plus le droit de la parler! Ils ont perdu la faculté de communiquer par l'intelligence avec leurs compatriotes! Il ne leur reste plus, en leur isolement, que la mâle consolation du vieux *Sé-nèque*, « *Duo quæ pulcherrimæ sunt, quocunqué nos* « *movemus, sequentur, natura communis et propria* « *virtus.* »

— « Tant pis pour les exilés, s'écriera quelque « insouciant : ces gens-là n'avaient qu'à rester chez « eux. Nous, du moins, qui nous abstenons de faire « ce que la loi défend, on nous laissera tranquilles. »

1.

— Eh ! qui vous l'assure ? répondrons-nous à ce confiant interlocuteur. La loi ? Est-ce là une garantie absolue ? Quelle loi connue défend aux exilés de publier leurs œuvres en France, sous forme de livres ou de brochures ? Et cependant M. *de Persigny* le leur interdit. — Quelle loi connue a jamais autorisé un préfet à exercer sur des écrits que la justice ne peut ni saisir, ni condamner, une saisie administrative ? Et cependant M. *de Persigny* leur ordonne de le faire.

Vous direz que si ces mesures sont illégales, on aurait le droit de se pourvoir devant l'autorité compétente, contre les préfets qui voudraient les mettre à exécution. En sont elles moins menaçantes ? Croit-on que M. *de Persigny* n'ait pas su tout cela en écrivant sa circulaire ? qu'il n'ait pas prévu que l'auteur d'un ouvrage ainsi saisi, pourrait assigner les préfets devant le tribunal civil, et réclamer la restitution de son livre ? Il faudrait, l'on en conviendra, que M. le Ministre fût bien ignorant de nos lois. Non ! il doit avoir pensé que cette circulaire, même non appliquée, ne manquerait pas de produire un effet indirect.

C'est-là ce qui donne tant d'importance à ce document ; il faut y voir l'expression très-énergique de tout un système de rapports entre l'Etat et la Presse. Ce système a existé jusqu'à présent, et il continuera d'exister. Dans la dernière discussion dont les lois sur la presse ont été l'objet au Corps-

Législatif, M. *Billault* a déclaré au nom du Gouvernement, qu'il n'y serait rien changé. Profitons de cette occasion qui nous est offerte, pour étudier ce système dans son ensemble et dans ses vraies conséquences.

Quels moyens indirects possède l'administration pour empêcher, quand il lui convient, des publications qu'aucune loi ne défend?

C'est-à-dire, pour retirer arbitrairement à un citoyen ou à une classe de citoyens, l'usage du droit positif de publier librement sa pensée, en se conformant aux lois établies?

II.

Il ne suffit pas d'avoir le droit abstrait de publier ses opinions. Il faut à l'écrivain un journal qui accueille ses articles, ou un imprimeur qui consente à les imprimer.

Occupons-nous d'abord des facilités que l'on peut avoir de communiquer avec ses concitoyens par l'intermédiaire des journaux, ou, pour parler le langage de M. le ministre de l'intérieur, en *s'abritant* derrière un journal.

Il n'y a de journaux existants que les journaux autorisés. Mais ceux là encore, s'ils existent, existent fort peu. « A raison de tous changements dans le personnel des gérants, rédacteurs en chef, propriétaires ou administrateurs d'un journal, » une nouvelle autorisation devient nécessaire. Vous voulez fonder un journal ? N'appelez à composer cet être collectif que de personnes d'un tempérament solide. N'exigez pas seulement de vos collaborateurs la santé morale, mais celle du corps. Qu'ils se gardent de toute imprudence. Une apoplexie ou une digestion mal conduite peut, à chaque instant, replacer sous la dépendance de l'administration, l'existence de l'être collectif.

Mais enfin, pour ne point mettre les choses au pire, supposons tout ce précieux monde bien portant. Le journal, comment se portera-t-il ?

Fort mal, hélas.

L'administration supérieure peut *l'avertir*, et après l'avoir bien averti, le *suspendre* ou le *supprimer*, ou même, en y mettant certaines formes, *le supprimer sans l'avertir*.

M. *de Persigny*, dans une circulaire précédente qui est une espèce de lettre sur l'histoire de la maison de Hanôvre, nous paraît avoir induit le public en erreur, autant qu'il s'est trompé lui-même. M. le ministre croit que le décret de 1852 a transporté simplement à l'administration, pour réprimer les attaques contre le principe de nos institutions, la compétence ordinaire des cours de justice. M. *de Persigny* commet quelquefois d'étranges confusions : ainsi, parce qu'il est tolérant, à ses heures, il prend cette tolérance pour du libéralisme. Il ne semble pas non plus s'être jamais fait une idée bien nette de ce qui distingue le pouvoir judiciaire de l'administratif. Un passage de sa dernière circulaire le prouverait au besoin. Il y félicite les magistrats « *d'avoir mis un empressement louable à poursuivre l'écrit séditieux :* » compliment très juste s'il était offert à un préfet dont la fonction est d'être empressé ; mais impropre, quand on l'adresse à un magistrat qui demande à être loué de *sa réserve*, de *sa prudence*, de *son impartialité*. A la place de M. le ministre de l'intérieur, M. le président *Troplong*, magistrat lui-même, eut bien vite fait de trouver quelqu'apophtegme du vieux *Caton*, magistrat romain, recommandant à ses collègues de n'avoir d'empressement pour personne.

Mais quittons cela. Comment admettre avec M. le ministre que les peines spéciales de l'avertissement, de la suppression, etc., n'ont d'autre objet que de punir *des délits*? On serait donc sûr de ne les pas encourir, si l'on se bornait à discuter les actes du gouvernement? C'est malheureusement le contraire qui est vrai.

Un *délit* expose le journal *aux peines du droit commun*, et non pas à ces *peines spéciales*. Le décret de 1852 a si peu soustrait la presse périodique, en cas de *crime*, de *délit* ou de *contravention*, à la juridiction ordinaire, qu'il a réglé cette juridiction, et a pris soin de la transporter des cours d'assises aux tribunaux correctionnels. L'administration n'est pas maîtresse d'empêcher des poursuites judiciaires, après qu'un délit formel a été commis et constaté. Il faut bien que la justice suive son cours, *sous l'empire de la légalité.*

Les rigueurs administratives ne doivent pas être cumulées avec les peines prononcées par les tribunaux. Quand applique-t-on les premières? Lorsque la justice ne poursuit pas; lorsqu'il n'y a pas eu attaque; lorsqu'il n'y a pas eu délit; lorsque l'écrivain a usé de son droit.

Mais ce sont là peut-être des épigrammes attardées. Nous aurons trop lu ce fâcheux recueil d'avertissements que M. *Vingtain* n'eut certes point fait, s'il eut pris conseil de M. le Président *Troplong.* Eh ! sans doute, le journal de *Loudéac* a été averti, pour avoir mal parlé d'un engrais : et, pour avoir critiqué l'administration de l'*Empire turc*, le *Pays*, journal d'un autre empire, a été averti pareillement... M. *de Persigny* n'a-t-il pas changé tout cela ? Quels journaux a-t-il avertis au bout du compte ? Ceux qui avaient attaqué les principes de notre constitution, précisément, le suffrage universel ou quelque chose d'approchant.

Une seule question : ces journaux ont-ils été poursuivis, jugés, condamnés? — Non. — Eh bien ne parlons point de délit. Nous les réputons innocents. Un *prévenu* est présumé innocent. A *fortiori,* celui qui n'est pas même prévenu.

Il y a quelqu'un vraiment qui paraît avoir bien mieux compris que M. *de Persigny* le véritable esprit du décret du 17 février 1852 ; c'est M. *de Maupas,* ministre de la police générale. Car il a le premier réglé l'application de ce décret. Voici comme il s'exprimait dans sa circulaire du 30 mars 1852 :

« *Les mesures de répression (par voie administra-* « *tive)* DÉRIVENT DU DROIT D'AUTORISATION *attribué au* « *gouvernement. Du moment en effet qu'un journal ne* « *remplit pas les conditions qui lui avaient fait ob-* « *tenir son autorisation ;* du moment que sans tenir « compte des condamnations prononcées contre lui, « il persiste *dans une polémique qui en fait un ins-* « *trument de désordre et de trouble ;* du moment « qu'il peut compromettre la sûreté publique, le « gouvernement, qui ne l'eut certainement pas au- « torisé dans de pareilles conditions, a le droit de « retirer son autorisation. C'est la conséquence lo- « gique du principe posé par l'art. 1er. » Et plus loin : « Vous en userez avec une juste sévérité lorsque les « journaux, sans s'exposer *précisément et d'une ma-* « *nière définie aux condamnations judiciaires,* n'en « seront pas moins dans les *habitudes* de leur rédac- « tion, dangereux pour l'ordre, la religion, la mo- « rale. » Enfin voilà qui est clair et vrai. On applique les mesures de répression administrative, lorsque le journal ne s'est pas exposé *précisément et d'une manière définie* à une *condamnation judiciaire.*

Ces mesures ne dérivent pas d'un délit commis, mais *du droit d'autorisation.*

Le législateur ne s'était sans doute pas proposé autre chose que de donner à l'administration un moyen énergique de réduire au silence les écrivains factieux ; mais ses intentions ont été singulièrement dépassées par certaines habitudes que l'administration a prises. N'arrive-t-il pas souvent que la jurisprudence exagère la portée des lois? Il en est de même de cette espèce de jurisprudence administrative, qui préside aux autorisations, aux suppressions et au reste.

Ne vous souvient-il plus d'une brochure intitulée : « *Histoire d'une demande en autorisation de journal* ? L'auteur, feu M. *Leymarie*, citait un exemple de la jurisprudence particulière de M. *Billault*. « *Plus un* « *journal d'opposition se montrerait constitutionnel,* « *plus il serait attentif à ne pas sortir de la légalité,* « *plus il serait modéré, plus il serait incommode* » avait dit M. *Billault* à M. *Leymarie*, et, d'après cette façon d'interpréter la loi, le *Courrier de Paris* n'avait pas été autorisé. Il est vrai que l'autre jour, en s'expliquant sur le droit d'autorisation, M. le Ministre n'a pas fait allusion à cet incident ; c'est que, sans doute, il aura cette fois là, oublié par hasard ses propres paroles d'un autre temps : *but never mind*, comme disent les sujets de la maison de Hanôvre.

D'après la même jurisprudence, c'est l'administration qui règle dans quelle mesure toutes les opinions doivent être représentées par les journaux. N'avez-vous pas entendu ou lu M. *Billault* dans la même séance du 18 juin, quand il a parlé *des lutteurs dont les forces sont parfaitement équilibrées ?* Cela est juste, remarquera un *sportman*. L'équilibre des forces est la première condition d'un *handicap ;* mais nous n'écrivons pas pour les *sportmen*, et les journalistes ne sont pas des chevaux de course.

En un mot, les ministres ont accoutumé de n'accorder d'autorisation qu'à de certaines personnes, par qui, de préférence, il leur convient de laisser discuter leurs actes. A l'exercice de ce monopole qu'ils confèrent, ils peuvent mettre évidemment telles conditions qu'il leur plaît ; il se forme ainsi, en dehors de la loi commune, une sorte de contrat particulier entre chaque journal et l'administration. Lorsque la feuille manque à la loi commune, les tribunaux lui appliquent la peine prévue pour le délit qui a été commis : mais lorsqu'elle ne viole que le contrat, elle est, sans jugement, avertie, suspendue ou supprimée.

M. *Guéroult* rédacteur en chef de l'*Opinion Nationale*, nous a appris quelle était sur ce point, la jurisprudence spéciale d'un autre ministre de l'intérieur, M. *Arrighi, duc de Padoue*. Dans le numéro du 25 *décembre* 1860, il a raconté à ses abonnés comme quoi ce haut fonctionnaire avait voulu lui faire des conditions inacceptables : M. *Guéroult* devâit s'engager par écrit « *à ne pas outrepasser sur la question papale les termes du manifeste de l'Empereur.* » A d'autres écrivains M. *de Padoue* aurait sans doute imposé d'autres engagements. Ainsi, l'administration aurait autorisé un journal à discuter le pouvoir temporel du pape, à condition de ne pas dépasser une limite fixée d'avance ; mais elle en aurait autorisé un autre, par forme de compensation, à défendre le catholicisme dans de certaines bornes, également déterminées. Les peines administratives auraient servi à ramener dans l'enceinte primitivement assignée, les journaux en rupture de ban.

M. *Guéroult* avait pu, tout en refusant ces conditions, obtenir d'être autorisé « *grâce à l'intervention* « *cinq ou six fois répétée du prince Jérôme,* » et à la protection utile du prince *Napoléon*. Mais tout le monde n'a pas le moyen d'être indépendant de cette façon là. Le système de M. *le duc de Padoue*, aurait donc permis à ce ministre, s'il avait voulu en rendre l'application générale, de distribuer un certain nombre de rôles à un certain nombre de journaux, selon les convenances de la politique du moment. Pourquoi s'en plaindre, après tout ? Cette organisation aurait encore sur celle du décret de 1811 qui n'autorisait par département qu'un seul journal, organe invariable de la pensée du pouvoir, l'avantage qu'un dialogue vif et piquant a toujours sur un monologue.

Mais vous déplaît-il d'ouïr parler de rôles, de dialogue, etc., tous mots sentant quelque peu la comédie? M. *Guéroult* va nous fournir une image plus noble. Comment, par deux fois, a-t-il qualifié son journal pour en faire comprendre l'indépendance singulière : « Nous sommes un journal *d'avant-garde!* » Ceci est bien dit.

D'un mot mis à sa place on apprend le pouvoir.

Avant-garde! Il s'agit donc d'une armée? Oui certes, d'une armée où il y a de l'avancement, et où l'on permute; où chaque écrivain (s'il ne s'expose pas cependant à ce que M. *Billault* lui reproche de n'être point ferme dans ses opinions) peut espérer de monter en grade, de s'élever de la rédaction d'un journal *du soir*, à la rédaction d'un journal *du matin*, de la *Patrie* ou du *Pays* par exemple, à ce redoutable *Constitutionnel* où tonne avec tant de majesté, la lourde artillerie des articles officieux.

Mais, dira-t-on, M. *de Padoue* n'est plus ministre; M. *de Persigny* a son portefeuille. Autre ministre, autre jurisprudence, sans doute.

Oh! la jurisprudence de M. *de Persigny* n'est pas longue à exposer; il l'a expliquée lui-même et fort nettement. Il est « armé d'un pouvoir *discrétionnaire* et *dictatorial.* » Il peut tout ce qu'il veut. N'en demandons pas davantage.

Mais M. *Billault* a déclaré que tout cela n'empê-

chait pas les journalistes de rester indépendants.
Le lendemain presque tous les journaux répétaient cette déclaration, en protestant contre les paroles de l'éloquent orateur de l'opposition. Quelle indépendance !

Aussi, contre une indépendance de cette sorte, la jurisprudence ministérielle semble-t-elle imaginer certaines précautions accessoires qui ne sont écrites dans aucune loi. C'est, en quelque façon, le droit prétorien de l'administration.

La première consiste, dit-on, à exiger quelquefois avant que d'autoriser un journal, *la démission du rédacteur en chef ou du gérant, toute signée, avec la date en blanc.* Ce n'est pas un procédé tout à fait inconnu. Mgr l'Evêque de Moulins en agissait de même avec MM. ses curés, et le Conseil d'Etat le trouva fort mauvais.

L'administration agirait-elle à l'occasion comme un évêque? Cela paraît invraisemblable. Cependant le nom de la personne qui a révélé cette pratique ne permet guère d'en douter. Et qui est cette personne? M. *Guéroult* encore, dans l'article que nous citions. Mais était-il bien informé ? — Mieux qu'aucun autre. On le lui avait proposé à lui-même, peut-être sans le prier de le raconter. Il a refusé comme de juste ; mais on le propose peut-être à d'autres qui acceptent. La propriété du journal en devient plus précaire. Comment dès lors le gérant ou le rédacteur en chef s'exposeraient-ils à déplaire à M. le ministre? Ce document secret les menace. On peut s'en servir contre eux, sans publicité, même quand ils n'ont pas donné prétexte à une mesure administrative.

Affermie ainsi dans sa toute puissance, l'administration paraît employer une autre précaution non moins efficace. On prétend qu'elle élimine les personnes qui lui déplaisent de la rédaction de certains journaux. Sur ce point, nous devons encore à M. *Guéroult* la divulgation d'un fait très curieux, s'il est exact. Ce publiciste rapporte dans le numéro de l'*Opinion Nationale du jeudi* 26 *juin*, que le 7 *janvier* 1859, un feuilleton inséré par M. *E. Pelletan*, dans le journal *la Presse*, émut le ministre de l'intérieur. *On manda* M. *Millaud, propriétaire du journal* de M. *Guéroult, et on lui signifia d'avoir à se priver à l'avenir de la collaboration de* M. *Pelletan.* Le journal ne put conserver cette collaboration précieuse, qu'après que le ministre, vivement sollicité, eut *consenti à retirer sa décision.* Or, il ne s'agissait pas ici d'un journal officieux, dont la rédaction peut-être plus ou moins sous l'influence du gouvernement. Cet exemple tendrait donc à prouver que la rédaction de journaux dits d'opposition, peut dépendre aussi du choix éclairé de M. le ministre de l'intérieur. Ce serait un nouveau point de jurisprudence à noter.

Cependant, malgré tout, quelques journalistes pourraient devenir embarrassants, s'ils se risquaient à parler de certains sujets importuns.

Une troisième précaution consiste à les inviter tout simplement à ne point recevoir d'articles sur ces sujets-là.

Une lettre adressée par deux avocats, MM. *Ferry* et *Roulleaux* à M. *Leymarie,* et produite par ce dernier dans un mémoire judiciaire, décrit avec beaucoup de détails comment se font ces sortes d'invitations. C'est, en général, une personne très-polie « et d'une mise irréprochable » qui vient donner ces conseils. Tout se passe avec l'urbanité la plus exquise, et le journal obéit toujours.

Mais, au moins, les journalistes ont-ils la liberté de se taire? Sachant qu'il ne leur est pas permis de déplaire en parlant de certains sujets, se croient-ils toujours permis de déplaire, en gardant le silence sur certains autres? Il a paru digne de remarque que beaucoup de journaux, à qui on avait défendu d'entretenir leurs lecteurs d'un discours du *duc d'Aumale,* se soient jugés autorisés à reproduire les articles du *Morning-Post* contre la famille d'Orléans. Sans doute ces emprunts à la littérature anglaise, n'ont rien qui puisse choquer le patriotisme le plus anglophobe. Ces articles sont quelquefois aussi français vraiment qu'un Premier Paris du *Constitutionnel,* une tirade des « *Massacres de Syrie* » ou une brochure anonyme de la maison *Dentu* : on les jurerait tous écrits par la même plume. Cependant, on se demande si c'est uniquement dans la préoccupation de plaire à leurs abonnés, que ces journaux leur offrent cette prose d'importation. Sans chercher à expliquer ce fait, n'oublions pas que les propriétaires de journaux ne sont que trop disposés à pressentir les sujets qui peuvent leur mériter plus particulièrement la bienveillance de l'administration. C'est la conséquence indirecte mais nécessaire de leur état de dépendance. Le reste est l'affaire d'une courte conversation avec le rédacteur qui écrit sous leur inspiration. Notez que ce dernier ne se doute de rien, pas plus que le lecteur.

Telles sont, dans leur ensemble, les pratiques de l'administration envers la presse. On comprend que le public en ait été préoccupé, surtout dans ces derniers temps. Beaucoup de personnes, avant de se former une opinion définitive, attendaient avec une certaine impatience, les explications que M. *Billault* devait donner au nom du gouvernement, au Corps-Législatif. Elles espéraient y trouver une justification de certairs faits, un démenti formel de quelques autres.

Cette attente a été singulièrement trompée.

Que trouve-t-on en effet dans le discours de M. *Billault?* Une grande abondance de comparaisons. On y voit même d'anciennes connaissances : la comparaison *du poison,* et la comparaison *de la poudre,* que M. le ministre n'a pas inventées. Il a pu autrefois les apprendre de quelque ora-

teur conservateur de second ordre, un de ces ora-
teurs qu'il combattait avec une énergie si pas-
sionnée, du temps « de ce qu'on appelle le régime
parlementaire. » Quant à une explication, à une
atténuation, à une réfutation de ces faits nombreux, dont plusieurs étaient dénoncés avec tant
d'autorité par M. *Jules Favre,* — pas un mot.

A ceux qui lui demandaient ses comptes, *Scipion
l'Africain* répondait : « Ne parlons pas de cela, j'ai
vaincu à *Zama;* montons au Capitole. » « Montons
au Capitole, a répondu à son tour M. *Billault;*
nous avons pris *Sébastopol;* nous avons vaincu à
Solférino; notre pavillon flotte victorieux jusque
dans les mers de l'extrême Orient, et ailleurs... »

Et voilà pourquoi notre fille est muette.

Eh ! bien non, il ne faut rien exagérer.

La presse sans doute parle peu ou point. Les journaux sont timides à l'excès dans l'examen des questions politiques; non moins timides dans l'examen
des questions industrielles ou financières; M. *Dupin*
le procureur général, le sait bien, lui qui l'a si vi-
goureusement démontré dans le discours qu'il vint
lire au Sénat après le désastre de M. *Mirès.* Ils ne
sauvegardent pas mieux les intérêts de l'action-
naire que les libertés du citoyen, et s'exposent à
paraître complices des scandales qu'ils n'osent pas
révéler. Bref, ils réduisent le public, fatigué d'être
si mal instruit, à demander aux feuilles étrangères

les nouvelles qui l'intéressent. C'est ainsi que la curiosité de nos pères, mal satisfaite par les articles du *Mercure* ou de la *Gazette de France*, recherchait avec avidité les gazettes de Hollande. Mais pour être vrai, il faut dire que tout cela n'est pas uniquement la faute de l'administration de M. le duc *de Padoue*, de la jurisprudence de M. *Billault*, ou du pouvoir discrétionnaire de M. *de Persigny*.

Certes nous avons usé de notre droit de discuter les actes de ces ministres, de regretter l'interprétation qu'ils ont trop souvent donnée à nos lois sur la presse. Déclarons maintenant avec franchise que les journalistes auraient, s'ils le voulaient bien, un peu plus d'indépendance qu'ils n'essaient d'en avoir.

Pourquoi n'essaient-ils pas?

Parce qu'ils n'osent pas.

Or, cette excessive prudence des journaux n'est qu'un effet *indirect* des pratiques de l'administration : mais quoique celle-ci n'en paraisse pas responsable, c'est, de beaucoup, le plus fâcheux et le plus grave, celui qu'il faut considérer avec le plus d'attention pour bien connaître la condition de la presse contemporaine.

Les propriétaires, les gérants, les rédacteurs en chef de journaux sentent trop que leur frêle existence dépend du ministre. Ils veulent vivre, et ils font les morts. Quoiqu'on leur propose, ils songent

2

à la possibilité de leur fin prochaine : *Être ou n'être pas,* c'est-là pour eux la question, comme pour *Hamlet;* et comme *Hamlet,* ils se disent :

> « La conscience tous ainsi nous rend timides.
> « Le primitif éclat des résolutions
> « S'éteint dans la pâleur de ces réflexions;
> « Et plus d'une œuvre *exquise, écrite en bonne prose,*
> « *Est jetée au panier pour cette seule cause,*
> « *Et perd le nom d'article.....* (1). »

Aussi, est-ce en vain que vous leur présenterez des articles auxquels l'homme à mise irréprochable n'aurait rien trouvé à redire : d'eux-mêmes, souvent, ils les écarteront comme dangereux. Vous ne pouvez rien écrire, rien communiquer au public, rien porter à la connaissance de tous, et de l'administration elle-même, sans subir cette censure, plus qu'aucune autre inquiète et méticuleuse, puisque c'est pour lui-même en effet, que le censeur est prudent.

L'ancienne censure était bien quelque chose de détestable ; mais au moins elle était exercée publiquement, officiellement, par des agents responsables : on pouvait appeler de leurs décisions à l'autorité supérieure. Que dire de ce qui se passe

---

(1) « Thus conscience does make cowards of us all.
« And thus the native hue of resolution
« Isi sicklied o'er with the pale cast of thought,
« And enterprises of great pith and moment
« With this regard their currents turn awry
« And lose the name of action... »
HAMLET.

aujourd'hui ? Vous ne vaincrez pas les scrupules de ce censeur d'un nouveau genre que vous impose la situation même des journaux. Son existence et sa fortune dépendent de l'opinion que l'administration se fera d'un article de vous. Comment persuader à cet homme que votre article ne lui fait courir aucun danger ? Il vous répond qu'en savez-vous ?

Et au fait, humble écrivain, qu'en savez-vous ?

IV.

« Soit, dira cet écrivain ; je prends mon parti « des journaux qui me refusent. J'en serai quitte « pour publier un livre, ou mieux un petit livre, « c'est-à-dire une brochure. »

Qui peut l'en empêcher, en effet ? Il n'a pas besoin d'autorisation préalable ; il ne reçoit d'autre avertissement que celui du receveur pour payer ses contributions. Nul ne le suspend, et encore moins ne le supprime. Aucun personnage officieux ne doit franchir son seuil. Il n'a que l'obligation facile d'obéir aux lois de son pays. Il peut écrire sur ce qui lui plaît, et comme il lui plaît ; il est libre.

N'allons pas si vite !

Qui imprimera son ouvrage ? Les imprimeurs sont-ils libres de l'imprimer ? — De là dépend en définitive la liberté de l'écrivain.

D'après l'article 11 de la loi du 21 octobre 1814, qui a reçu une sanction nouvelle de l'article 24 de la loi du 17 février 1852, nul ne peut être imprimeur ou libraire s'il n'est bréveté par le chef de l'État et assermenté. D'après l'article 12 de la même loi, le brévet pourra être retiré à tout imprimeur ou libraire qui aura été convaincu par un jugegement, de contravention aux lois et réglements.

Or, si le sage péche sept fois par jour, il est impossible à un imprimeur de ne pas pécher souvent. Les règlements sont si minutieux que les contraventions deviennent presque inévitables. Parmi les nombreux ouvriers d'une imprimerie, il s'en trouve toujours quelqu'un pour commettre une faute ou une simple négligence que le patron ignore et ne peut empêcher. En matière de contravention, l'excuse de bonne de foi n'est pas admise.

Il n'est donc guère d'imprimerie qui ne soit sous le coup d'une suppression. Voilà le plus clair de la liberté des imprimeurs. L'administration est toujours maîtresse de plonger dans la ruine celui qui l'aurait mécontentée.

Aussi, se gardent-ils de ce mécontentement là. Plutôt que de l'encourir, ils n'imprimeraient rien. Demandez plutôt à un certain auteur qui, peu de temps avant le fameux *emprunt turc*, voulut avertir le public que l'affaire n'était pas bonne : c'était un assez grand service à rendre à tout le monde ; mais il ne put pas trouver d'imprimeur ; et quand il lui fut permis d'expliquer ses raisons au public, l'emprunt était émis, M. *Mirès* était où l'on sait, l'affaire n'était pas meilleure, et le public avait plus besoin de consolations que de conseils.

Cependant, dira-t-on, depuis 1814, les imprimeurs ont joui d'une certaine liberté ; ils n'ont point passé leur vie entière à trembler.

Sait-on pourquoi? Les gouvernements nombreux qui se sont succédé en France, ont eu sans doute le tort grave de laisser dans nos lois ces dispositions draconiennes empruntées par la législation de 1814, aux règlements de l'ancien régime et au triste décret de 1810; mais au moins, les y ont-ils un peu oubliées. Il aurait été difficile, du reste, de chercher alors à les appliquer. Peu de ministres se seraient soucié de s'exposer aux interpellations que de pareilles rigueurs n'eussent pas manqué de provoquer dans les Chambres. Les mœurs publiques modernes répugnent à une mesure trop semblable à la confiscation, toujours odieuse. Aussi, la liberté du livre, de la brochure, du pamphlet resta relativement assez grande. Et c'est sous cette forme que la vie politique de la France, recommença de se manifester, quelques années après l'avénement du second empire.

A ce moment de notre histoire contemporaine, le puissant organe de la presse périodique était affaibli. Les chambres n'avaient qu'un rôle secondaire; mais un jour, quelques brochures publiées par la maison *Dentu* avec une certaine couverture qui leur tenait lieu de signature, mirent en émoi toute la société française. Plusieurs réponses parurent. On vit s'ouvrir comme un débat écrit sur les affaires du pays. Chaque homme politique, autour d'une brochure de son invention, réunit bientôt un petit *meeting* de lecteurs ; ceux-ci allaient répétant ce qu'ils avaient lu ; le pays se réveilla. Le clergé lui-même, oubliant ses vieilles préventions contre la presse, se saisit vaillamment du grand instrument de la pensée moderne, se fit pamphlétaire, dans le bon sens du mot, et s'énivra de polémique. Même travail des esprits sur les questions économiques : le traité de commerce fut l'occasion de cent brochures, dont plusieurs très-vives. Les industriels, les agriculteurs, les commerçants du nord et du midi, prouvèrent et apprirent en même temps, en écrivant, que la publicité et la presse sont les meilleures garanties des intérêts matériels : de nombreuses publications sur des questions d'administration intérieure, attestèrent de nouveau la renaissance de l'activité politique ; et M. le président *Troplong* put, dans un rapport célébre, vanter l'importance de cette liberté de publier des brochures.

Mais tant vantée qu'elle soit par un si haut personnage, cette liberté va subir une grave restriction. M. *de Persigny*, par une série d'actes significatifs, vient d'informer le public que les traditions bienveillantes des administrations précédentes étaient abandonnées ; le temps de la tolérance est fini. La loi de 1814 est remise en vigueur. Plus que jamais, ses *fissures seront comblées.*

C'est là le caractère essentiel de la circulaire du 13 mai.

V.

Cette circulaire prohibe tous les écrits composés au nom de personnes exilées ; il n'est imprimeur qui ne leur refuse ses presses. Mais à quel signe reconnaître ces sortes d'ouvrages ? Que d'écrits innocents vont être rejetés, de qui l'auteur aura paru suspect ! On se méfiera des noms supposés, on flairera dans tous les manuscrits un redoutable parfum d'exil. Le grand Racine recommandait à son fils de prendre garde au style réfugié. Ainsi feront les imprimeurs.

Mais si M. *de Persigny* peut de la sorte interdire aujourd'hui la presse *aux exilés,* qui l'empêche de l'interdire demain à une *autre classe d'écrivains,* et à *une troisième* après-demain ? Pourquoi n'établirait-il pas un beau jour une sorte de cordon sanitaire, autour des brochures de certains anciens ministres, des discours de certains académiciens, autour des œuvres, en un mot, de tant de personnages dont quelques-uns sont illustres, qui sans quitter le territoire, se sont volontairement exilés dans la dignité de leurs souvenirs? Qui l'en empêche? répétons-nous. Rien absolument. Il lui suffit de faire comprendre aux imprimeurs qu'ils ont à ne pas imprimer, et ils n'imprimeront pas.

Et vraiment, M. *de Persigny* le leur a fait déjà très bien comprendre. Sous ce rapport du moins, sa circulaire n'est pas ambigüe. Quel commentaire clair, concluant, parfait de tout point, que la suppression des brevets des sieurs *Beau* et *Dumineray*. Voilà deux noms qui troubleront souvent les rêves des imprimeurs et des libraires. Il se peut même que la pusillanimité de ceux-ci calomnie désormais l'administration dont elle dépassera les intentions.

Dépendant de cette dernière, pourquoi seraient-ils plus braves qu'un propriétaire ou qu'un rédacteur de journal? Comme eux, ils exerceront sur tous les manuscrits qu'on leur présentera une censure timorée. La publication de toute espèce de livres va être soumise, à son tour, à leur pouvoir discrétionnaire : ils feront jouir la brochure du régime de la presse périodique.....

Est-ce là le couronnement de l'édifice?

Maintenant, M. de *Persigny* peut comparer cette situation tant qu'il lui plaira, à celle de la presse en Angleterre sous la maison de Hanôvre. Il est vrai que dans ce temps, et dans cet état, chacun, à la seule condition de se conformer aux lois de son pays et de répondre de son œuvre devant un jury de ses concitoyens, était libre d'écrire sur toutes sortes de sujets, sans autorisation préalable, sans danger d'étre averti, sans crainte de voir son journal suspendu et supprimé. Mais nous ne querellerons pas M. le ministre sur ces analogies historiques; pas plus que nous ne lui ferons un reproche d'avoir appliqué à la liberté de discussion, ce vilain mot , *d'acclimatation,* qu'il semble avoir emprunté, au risque d'un barbarisme, à ce jardin peu fertile, où des animaux presque aussi ennuyeux qu'ennuyés, jouissent, dans de petites enceintes, d'une liberté réglée, sous la surveillance des gardiens.

VI.

La loi récemment votée au *Corps-Législatif* ne change rien à ce régime, et c'est parce qu'elle n'y change rien que nos députés l'ont votée. Qu'y lit-on? Les avertissements seront périmés au bout de deux ans. Une amnistie légale remplace à l'avenir les amnisties périodiques rendues tous les deux ans à peu près nécessaires par la grande mortalité des journaux. En outre, les journaux ne seront plus supprimés de plein droit après deux condamnations

2.

judiciaires. Le *Constitutionnel* lui-même ne courra plus risque d'être interrompu dans sa campagne contre les évêques et les *rédemptoristes*. Les journaux, comme on l'a dit spirituellement, ne pourront plus mourir sans la permission du gouvernement. Mais le gouvernement garde le pouvoir de les faire mourir. Cela dit tout.

M. *Baroche* n'avait-il pas déclaré, dans la séance du 14 mars, « *que sa conscience lui défendait de proposer des modifications quelconques au régime de la presse* »? Rien ne fait craindre, dans la loi nouvelle ou dans les discours prononcés à cette occasion, que la conscience de M. le président du Conseil d'Etat soit alarmée de sitôt.

A cet égard, M. *Billault* s'est servi d'une troisième similitude, qui n'est pas plus originale que les deux premières; il a comparé le *Journal* à une *Tribune*. On s'en doutait bien. En cela, il a exactement rendu la pensée intime de beaucoup de ministres de l'intérieur, passés, présents, et peut-être futurs. La représentation politique et la presse sont deux modes d'expression de l'opinion publique : il n'est pas étonnant qu'il y ait une certaine liaison entre la jurisprudence de l'administration en matière de presse, et sa jurisprudence en matière d'élections.

Nous ne voulons pas dire que le gouvernement puisse user dans les élections d'un pouvoir discrétionnaire ; la loi électorale s'y oppose formellement: mais enfin il n'abandonne pas tout à fait les électeurs à eux-mêmes. Sur ce point, depuis dix ans, tous les ministres se sont mis d'accord. « *Il importe que le gouvernement* ÉCLAIRE *les électeurs,* » écrivait M. de *Morny* aux préfets en 1852. « *Si on ne préservait pas* « *les électeurs d'erreurs déplorables, il faudrait re-* « *gretter que le suffrage universel fut la base du* « *gouvernement,* » disait le 14 mars au Corps-Législatif, M. *Baroche* parlant, comme ministre sans portefeuille, au nom du pouvoir. Si l'on croit nécessaire de prendre de telles garanties contre les erreurs possibles du suffrage universel, on doit croire indispensable de les prendre contre les erreurs de la presse : il est naturel alors de garder « *la presse entre ses mains, dans une proportion* « *plus ou moins grande* », comme le disait M. *Baroche,* dans le même discours ; et quand on prend tant de soin pour éclairer les électeurs et les préserver d'erreurs déplorables, il n'est que juste de préserver d'erreurs semblables, les lecteurs de journaux, en ne leur donnant à lire, autant qu'il est possible, que des journaux éclairés.

Le discours de M. *Billault* a été très explicite sur l'usage que l'administration entend faire de ses pouvoirs. Tant pis pour les gens qui avaient cru qu'un retour aux traditions libérales du régime parlementaire était « la conséquence directe, immédiate, nécessaire » du décret du 24 novembre. M. *Billault* leur a appris, par une dernière figure, que nous sommes dans une *citadelle.* Cela rappelle la comparaison célèbre dont M. *Haussmann* tirait naguère si bon parti pour donner à MM. les Sénateurs, une juste idée des nouvelles voies libéralement ouvertes par l'édilité parisienne, et que le vulgaire prenait naïvement pour des promenades. Il y a « *du quadrilatère* » là dedans.

En s'expliquant ainsi, M. *Billault* a exprimé l'espoir que le *Corps-Législatif* donnerait hardiment son concours au gouvernement, et le suivrait résolûment. En même temps, il annonçait à cette assemblée qu'elle ne serait pas dissoute, et que ses membres, au jour marqué par la constitution, pourraient, intimement unis avec la pensée impériale, être présentés de nouveau aux suffrages de leurs concitoyens. Nos députés ont montré en applaudissant ce discours, ce que M. *Billault* pouvait attendre de leur hardiesse et de leur résolution.

Si donc le pays désire que l'administration suive d'autres errements, s'il désire la liberté effective de la presse, il doit songer aux moyens réguliers que la Constitution lui donne de manifester ses vœux et de les faire triompher. La manifestation calme, légale, mais ferme, de l'opinion publique, peut seule persuader le gouvernement de ne pas persister dans les habitudes que l'administration a prises depuis dix ans. Que surtout, l'on se prépare, dès à présent, à élire, quand le moment sera venu, des députés qui ne seront pas disposés à couvrir de leur approbation tous les actes du pouvoir. En fait de libertés, on n'obtient que celles qu'on réclame avec énergie et persévérance. Les illusions ne servent de rien. Il serait peu convenable, assurément, que les peuples ne fussent pas reconnaissants, comme le dit M. *Troplong*, des libertés qu'on leur donne. Mais il est inutile peut-être que nous soyons reconnaissants d'avance, des libertés que M. *Billault* s'est en quelque sorte engagé solennellement à ne pas nous donner.

APPENDICE.

—⟶◦⟵—

N° 1.

CONDITIONS DES AUTORISATIONS PRÉALABLES ACCORDÉES

AUX JOURNAUX.

Extrait d'un article de M. *Guéroult,* publié dans l'*Opinion nationale* du mardi 25 décembre 1860.

« M. le duc de Padoue se montra disposé à faire
droit à ma requête ; il me fit seulement *des condi-*

tions inacceptables. Il s'agissait d'abord de lui remettre, en entrant en fonction, ma démission de rédacteur toute signée avec la date en blanc. Sur le seul énoncé de cette condition, je déclarai à M. le duc de Padoue que je n'appartenais pas à la catégorie des gens auxquels on pouvait faire des propositions de ce genre . . . .

« Je retournai au ministère de l'intérieur. Cette fois on ne me demandait que de *m'engager, par écrit, à ne pas outrepasser sur la question papale les termes du manifeste de l'Empereur.* »

2.

COMMUNICATIONS OFFICIEUSES DE L'AUTORITÉ POUR
DÉFENDRE DE TRAITER CERTAINS SUJETS
DANS UN JOURNAL.

Extrait d'une lettre de MM. Jules Ferry et Roulleaux à M. Leymarie, produite par ce dernier dans un débat judiciaire.

« Paris, 12 août 1860.

« MONSIEUR,

« Nous étions, comme on vous l'a dit, présents l'un et l'autre dans le cabinet de M. Clément Duvernois, rédacteur principal du *Courrier de Paris*, lorsqu'on y a apporté l'injonction ministérielle que votre lettre a motivée.

« C'était un peu de temps avant la signification qui est le point de départ du procès que vous avez intenté aux journaux, la veille au plus, ou même, ce nous semble, le jour même.

« Un monsieur, de manières bienveillantes et d'une mise irréprochable, s'est présenté comme envoyé par M. le ministre de l'intérieur. Il venait prévenir le journal de l'arrivée très prochaine d'un huissier, porteur d'une lettre de M. Leymarie à M. le Président du Conseil-d'État, en réponse aux explications que l'interpellation de M. Émile Ollivier avait soulevées dans le sein du Corps législatif. M. Leymarie voulait sommer régulièrement les journaux d'insérer sa réponse, et M. le Ministre de l'intérieur leur faisait dire que l'insertion était interdite de la manière la plus absolue.

« Cette communication fut reçue avec la gravité qu'elle méritait. On objecta seulement que M. Leymarie allait naturellement assigner pour obtenir, par les voies judiciaires, la publication de sa réponse.

« Le journal, répliqua le représentant de M. le Ministre de l'intérieur, pourra alors se retrancher derrière la défense ministérielle. Le garde-des-sceaux vient d'être consulté, et il a décidé que l'insertion ne pouvait être exigée.

« Puis il ajouta *que le* Courrier de Paris, *dans la situation actuelle, devait y regarder à deux fois avant de s'exposer à des désagréments pour une affaire de ce genre (cette observation paternelle était évidemment une allusion aux deux avertissements du journal); que, du reste, M. Leymarie attaquait tout le monde, qu'il s'en était pris récemment au Courrier et à M. Duvernois lui-même.*

« Et comme on répondit de suite que c'était une autre question, il partit, en répétant encore une fois qu'il n'y aurait qu'à se retrancher derrière l'injonction de M. le ministre de l'intérieur.

« Nous pouvons affirmer l'exactitude, presque textuelle, de cette conversation.

« Ce personnage bienveillant, très connu, nous a-t-on dit, à tous les étages de la maison rue Coq-Héron, nº 5, serait M. Dronsard ou de Ronsard, employé supérieur du bureau de l'esprit public au ministère de l'intérieur.

« Nous vous autorisons, Monsieur, à faire de cette sincère déclaration l'usage qui vous paraîtra convenable.

« *Signé* : Jules FERRY et Marcel ROULLEAUX.

Extrait d'un article de *la Gironde*, du 24 mai 1861, constatant la défense faite aux journaux de parler d'un discours prononcé à Londres, dans un banquet, par M. le duc d'Aumale.

Nous lisons dans la *Patrie* :

« Nos lecteurs auront peut-être remarqué que nous n'avons pas dit un seul mot de certaine brochure, et que nous n'avons pas prononcé certain nom. La brochure était saisie, et l'auteur est exilé.

« Cependant, il ne faut pas que le malheur abuse de ses priviléges, et le patriotisme a bien aussi ses droits. Et comment cette fois passer sous silence la manifestation qui vient d'avoir lieu à Londres, le succès provo-

qué et obtenu par M. le duc d'Aumale auprès des tories, c'est-à-dire auprès de ce parti le plus anti-français
qu'il y ait dans le monde, et qui n'a jamais cessé de
rêver l'abaissement de notre patrie. Condamné en
France par la plus indépendante des magistratures, il
ne manquait plus au manifeste du parti orléaniste que
d'être couronné par M. Disraeli !..... etc. »

La *Patrie* s'étonne à bon droit qu'on ait pu passer
sous silence une manifestation telle que son patriotisme l'oblige à la dénoncer huit jours après qu'elle a eu
lieu. Pour nous, nous aurions amplement rendu compte
du banquet littéraire auquel le journal officieux fait
allusion ; nous aurions publié les noms des hommes
d'Etat anglais qui y assistaient, tant tories que wighs,
en leur qualité de membres de la Société du *Litterary
fund* ; nous aurions même reproduit par extrait le discours du duc d'Aumale, qui contient un parallèle fort
bien fait des littératures anglaise et française ; nous aurions d'autant moins hésité, qu'on ne trouve pas dans
ce discours le moindre mot de politique. Mais M. le
préfet de la Gironde, organe de M. le ministre de l'intérieur, ayant fait savoir à notre gérant qu'il devait
s'abstenir de dire cu laisser dire rien qui eût trait au
banquet de Londres, nous avons cru indispensable de
considérer cette invitation comme un ordre.

André LAVERTUJON.

3.

L'ADMINISTRATION INTERDIT A CERTAINS JOURNAUX DE RECEVOIR DES ARTICLES DE CERTAINS ÉCRIVAINS.

Extrait d'un article de M. *Guéroult*, publié dans *l'Opinion nationale* du jeudi 27 juin 1861.

. . . .

« M. *Pelletan* publia dans la *Presse* le 7 janvier 1859, un feuilleton où les tyrans et le parti servile étaient fort malmenés . . . .

On s'en émut au ministère de l'intérieur : on manda M. *Millaud* propriétaire et rédacteur en chef de la *Presse*, ET ON LUI SIGNIFIA D'AVOIR A SE PRIVER DE LA COLLABORATION DE M. PELLETAN.

...... J'écrivis au ministre de l'intérieur..... je le priai DE RÉTRACTER SA DÉCISION. Il y consentit.....

AD. GUÉROULT.

Orléans. — Imprimerie Paul MASSON, place du Martroi et rue Sainte-Anne n° 2.

ÉTUDES CONTEMPORAINES.

En vente :

Une Réforme administrative en Afrique.....
.... A. DE BROGLIE.
La Liberté religieuse et la législation actuelle.
.... ***
Lettre au Sénat........... O. D'HAUSSONVILLE.
La Constitution de 1852 et le décret du 24 no-
vembre 1860.......... LÉONCE DE LAVERGNE.
De la Centralisation et de ses effets. ODILON-BARROT.
Les Droits politiques dans l'élection......., .
.... EDOUARD DE SONNIER.